Dieses Buch gehört:

____

Vincent Andreas, Matthias von Bornstädt
mit Bildern von Linda Kohlbaum

Die spannendsten Geschichten mit Bibi Blocksberg

3 Geschichten in einem Band plus Hexenquiz

Bibi Blocksberg

Lesen lernen

2. Klasse

ab 7 Jahren

Klett Lerntraining

Bibliografische Information der Deutschen Nationalbibliothek
Die Deutsche Nationalbibliothek verzeichnet diese Publikation in der Deutschen Nationalbibliografie; detaillierte bibliografische Daten sind im Internet über http://dnb.d-nb.de abrufbar.

Dieses Werk folgt der neuesten Rechtschreibung und Zeichensetzung.

Auflage 3 2 1 | 2015 2014 2013

Dieser Sammelband enthält die Einzelbände: Wirbel in der Sportstunde, Hexenspaß zur Geisterstunde, Bibi und der Wuscheltroll

Redaktion: Susanne Stephan, Jutta Dahn
Lizenz durch KIDDINX Media GmbH
Lahnstraße 21, 12055 Berlin

www.bibiblocksberg.de

www.klett.de/lernhilfen, www.lesedrachen-club.de
Teamleiterin Lernhilfen Grundschule: Susanne Schulz
Redaktion: Jette Maasch
Umschlaggestaltung und Layout: Sabine Kaufmann, Stuttgart
Umschlagillustration: Linda Kohlbaum, Berlin
Satz: GreenTomato GmbH, Stuttgart
Druck: Mediahaus Biering GmbH, München
Printed in Germany
ISBN 978-3-12-949217-8

Inhalt

Wirbel in der Sportstunde

von Vincent Andreas
mit Bildern von Linda Kohlbaum

Eine große Enttäuschung

Heute kann Bibis Klasse
die Sportstunde kaum erwarten.
Die Schüler üben nämlich
Boden- und Geräteturnen
unter dem Motto „Zirkus“.
Dabei studieren sie
richtige kleine Zirkus-Nummern ein.

Alle ziehen sich ganz schnell
für den Sportunterricht um
und laufen in die Turnhalle.
Doch was für eine Enttäuschung!
In der Halle erwartet sie nicht
die nette Sportlehrerin Frau Laufer.
Dort steht Frau Müller-Riebensehl
mit strenger Miene!

Frau Müller-Riebensehl
erklärt den Schülern,
dass Frau Laufer krank ist.
Daher wird sie heute
die Vertretung übernehmen.
„Aber wir machen doch weiter
mit den Zirkus-Nummern?“,
fragt Bibi.

Frau Müller-Riebensehl
schüttelt energisch den Kopf.
„Das kommt überhaupt nicht in Frage!“,
sagt sie streng.
„Sportunterricht ist doch kein Zirkus!
Sport ist körperliche Ertüchtigung!“

„Das kann ja heiter werden“,
stöhnt Florian.
Auch Moni ist ganz enttäuscht.
„Na, kommt schon“, versucht Marita
ihre Freunde aufzumuntern.
„Vielleicht wird es
gar nicht so schlimm.“

Doch da bläst Frau Müller-Riebensehl
schon in ihre Trillerpfeife.
„Hopp, hopp, Kinderchen“, ruft sie,
„zum Aufwärmen lauft ihr
zehn Runden durch die Halle!“

Dauerlauf und Liegestütz

Die Kinder schwitzen und ächzen.
Nach dem Dauerlauf
müssen sie Liegestütz üben.
„Und eins und zwei,
und eins und zwei!“,
treibt Frau Müller-Riebensehl
die Klasse an.

Das ist noch viel schlimmer,
als Bibi und ihre Freunde
befürchtet haben!
Die Übungen sind
nicht nur anstrengend.
Sie machen auch
überhaupt keinen Spaß!

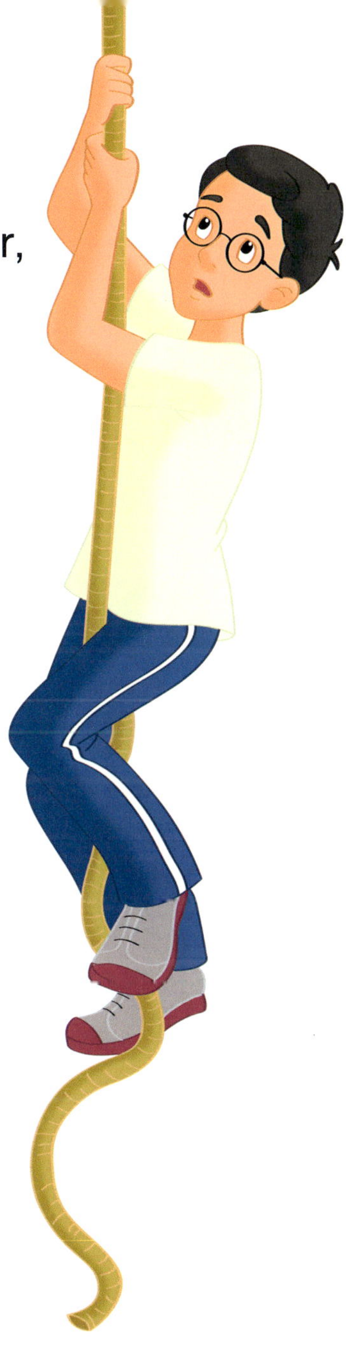

Nach den Liegestützen
sind Kniebeugen angesagt.
„Nicht so müde, Kinderchen!“,
kommandiert Frau Müller-Riebensehl.
„Oberkörper gaaanz aufrecht!
Und immer tief in die Knie!“
Die Kinder ächzen und stöhnen.
Doch Frau Müller-Riebensehl
gönnt ihnen keine Pause.

„Bitte, Bibi“,
japst Moni völlig außer Atem.
„Du musst was hexen!“
Eigentlich darf Bibi
in der Schule nicht hexen –
höchstens in einem Notfall!
Bibi findet, dass Sport
bei Frau Müller-Riebensehl
ein Notfall ist!

„Ich hexe einfach die Geräte
für die Zirkus-Nummern her“,
überlegt sie schnell.
Schon streckt sie
ihre Arme aus und ruft:
„Eene meene Kuppelzelt,
herbei die bunte Zirkuswelt!
Hex-hex!“

Es macht „pling-pling“.

Alle Kinder staunen.
Vor ihren Augen verwandelt sich
die Sporthalle
in ein riesiges Zirkuszelt.

Bunt ist die Zirkuswelt!

„Juchhu!“,
jubeln die Schüler.
Jetzt können sie doch noch
die tollen Zirkus-Nummern üben!
Da aber stutzt Bibi.
„Moment mal!“, sagt sie laut.
„Wo ist denn
Frau Müller-Riebensehl?“

Sie sieht sich
nach ihrer Lehrerin um,
kann sie aber nirgends entdecken.
Plötzlich schallt
ein verzweifelter Ruf
aus der Zeltkuppel:
„Hiiilfe!“

Au weia, dort oben ist die Lehrerin!
Frau Müller-Riebensehl
schwingt hoch über den Kindern
an einem Trapez hin und her.
Gekleidet wie eine echte Akrobatin!
„Bibi Blocksberg!“,
ruft die Lehrerin ärgerlich.
„Du holst mich sofort hier runter!“

Das möchte Bibi auch tun.
Doch plötzlich wird sie
von donnernden Hufen abgelenkt.
Zehn bildhübsche Schimmel
galoppieren in das Zelt.
Auf einem der Pferde steht Marita
und treibt die Herde an.

Hinter Maritas Pferden
kommt Florian hereingelaufen!
Er trägt ein lustiges Clown-Kostüm.
Dreimal bläst er in eine Tröte.
Dann schlägt er Purzelbäume
und bringt alle
mit seinen Scherzen zum Lachen.

Und Frau Müller-Riebensehl?

Die Kinder können es kaum glauben.
Ihre Lehrerin ruft nicht mehr
wütend nach Bibi,
sondern schwingt vergnügt
am Trapez hin und her.

Hexerei zurück!

Auf einmal hört Bibi
einen gewaltigen Lärm.
Ein Löwe liegt direkt vor Moni.
Er hat sein Maul weit aufgerissen
und brüllt so laut,
dass Moni sich zitternd
die Ohren zuhält.

Jetzt muss Bibi schnell eingreifen!
Ihr bleibt nichts anderes übrig,
als mit einem Nothexspruch
alles wieder weg zu hexen.
„Eene meene Glück,
Hexerei zurück!
Hex-hex!“,
ruft sie.

Es macht „pling-pling“,
und mit einem Schlag
ist alles wie vorher.
Das Zirkuszelt ist verschwunden.
Die Schüler stehen wieder
in der öden Turnhalle.
Mit dem schönen Zelt
ist auch das Trapez weg,
auf dem Frau Müller-Riebensehl saß.

„Au weia!“, ruft Bibi erschrocken.
Da purzelt die Lehrerin auch schon
von der Decke der Turnhalle herab.
Alle Schüler halten den Atem an.
Doch ganz unverhofft dreht
Frau Müller-Riebensehl einen Salto
und landet elegant auf der Turnmatte.

„Bravo!“, rufen die Kinder
und klatschen begeistert Beifall.
Frau Müller-Riebensehl
verbeugt sich.
„Danke, danke, Kinderchen“,
meint sie vergnügt.
„Ich muss zugeben,
das Schaukeln hat mir mal
wieder richtig Spaß gemacht!“

Zum Jubel der Klasse
verkündet sie, dass sie nun doch
mit den Zirkus-Nummern
von Frau Laufer weitermachen.
„Aber natürlich ohne Löwen“,
flüstert Bibi ihrer Freundin Moni
augenzwinkernd zu.

Und so haben doch noch alle
einen Riesenspaß in der Sportstunde!

Hexen-Quiz

1 Wie heißt Bibis Lehrerin?

- ○ Frau Stiller-Rübezahl
- ○ Frau Knüller-Siebenmehl
- ○ Frau Müller-Riebensehl

2 Warum kann Bibis Klasse die Sportstunde kaum erwarten?

- ○ Weil sie Boden- und Geräteturnen üben.
- ○ Weil sie in der neuen Halle Sport haben.
- ○ Weil sie kleine Zirkus-Nummern einstudieren.

3 Was bedeutet für Bibis Lehrerin Sport?

- ○ körperliche Ertüchtigung
- ○ körperliche Ernüchterung
- ○ körperliche Beschwichtigung

4 **Bibis Klasse ist enttäuscht, weil …**

- ☒ Frau Müller-Riebensehl Frau Laufer vertritt.
- ☐ die Sportstunde nicht ausfällt.
- ☐ die Klasse Zirkus-Nummern einüben darf.

5 **Was stört die Kinder an den neuen Übungen?**

- ☐ Die neuen Übungen sind zu schwierig.
- ☐ Die neuen Übungen sind zu leicht.
- ☒ Die neuen Übungen machen keinen Spaß.

6 Was passiert nach Bibis erstem Hexspruch?

- ◯ Die Sporthalle wird zum Fitnessstudio.
- ◯ In der Sporthalle steht ein kleines Zirkuszelt.
- ☒ Die Sporthalle verwandelt sich in ein Zirkuszelt.

7 Wovon wird Bibi plötzlich abgelenkt?

- ☒ von dem Hufgetrappel der Schimmel
- ◯ von Maritas Rufen
- ◯ von der Schönheit der Pferde

8 Welchen Beruf könnte Frau Müller-Riebensehl auch ausüben?

- ◯ Apothekerin
- ☒ Akrobatin
- ◯ Astronautin

9 **Wie fühlt sich Florian in seinem Clown-Kostüm?**

- ○ Er fühlt sich unwohl.
- ○ Er schämt sich.
- ☒ Er hat einen Riesenspaß.

10 **Aus welchem Grund hext Bibi alles wieder zurück?**

- ○ Moni stehen die Haare zu Berge.
- ○ Moni befindet sich in Gefahr.
- ☒ Moni hat Ohrenschmerzen vom Gebrüll des Löwen.

Hexenspaß zur Geisterstunde

von Matthias von Bornstädt
mit Bildern von Linda Kohlbaum

Ein schaurig-schönes Gemälde

Bibis Klasse unternimmt
einen Ausflug zu Schloss Klunkerburg.
Dort gibt es tolle alte Gemälde
zu bestaunen.
Ein Bild hat es Bibi und Moni
besonders angetan:
Es zeigt in düsteren Farben
eine vierköpfige Gespensterfamilie,
die sich an den Händen hält
und wirbelnd im Kreis tanzt!

„Schaurig-schön!“, findet Bibi.
„Wie das wohl aussehen würde,
wenn die Gespenster lebendig wären?“
Bibi reibt sich die Fingerspitzen.
Moni ahnt schon,
was ihre Freundin vorhat:
„Du willst doch nicht etwa ...?!“

Bibi grinst und wartet kurz,
bis die Klasse weiterzieht.
Dann bringt sie ihre Hände
entschlossen in Hexposition.
„Willst du etwa die ganze Familie
lebendig hexen?“,
fragt Moni ängstlich.
Bibi überlegt:
„Hm, vielleicht nur den Jungen?
Der sieht besonders lustig aus!

Eene meene Geisterwind,
husch, heraus, Gespensterkind!
Hex-hex!“
Doch leider folgt dem Spruch
kein Hex-Plingpling!
„Wieso klappt das nicht?“,
wundert sich Bibi.

Als Bibi später zu Hause ist,
schaut sie heimlich ins Hexbuch.
Unter dem gesuchten Spruch
befindet sich ein Hinweis.
„Ach so, der Spruch
wirkt nur zur Geisterstunde“,
murmelt Bibi.
Im Buch folgt noch eine Warnung:
„Bann’ den Geist im Lauf der Stunde,
sonst währt ewig seine Runde.“
Bibi stutzt:
„Was soll denn das bedeuten?“

Auf jeden Fall will sie den Spruch
heute Nacht noch einmal ausprobieren.
Aufgeregt ruft Bibi bei Moni an.
Moni flüstert in den Hörer:
„Nachts?! Ganz allein im Schloss?
Ich weiß nicht so recht.“
„Wir sind doch zu zweit“,
beruhigt Bibi ihre Freundin.
Moni lässt sich überreden.
Und dann heißt es:
Warten, bis es dunkel wird!

Geisterstunde im Schloss

Eine halbe Stunde vor Mitternacht
düst Bibi im Flüsterflug zu Moni.
Die wartet schon auf dem Balkon.
Im fahlen Mondlicht
fliegen die zwei nach Nordosten.
Bis irgendwann ein großer Schatten
unter ihnen auftaucht:
Schloss Klunkerburg!

Bibi hext ein Fenster auf
und steuert in einen Saal.
Kühl und düster ist es hier.
Mit leichter Gänsehaut
tapst Moni hinter Bibi her,
bis sie vor dem Gemälde
mit der Gespensterfamilie stehen.

Da schlägt dumpf die Turmuhr:
... zehn, elf, zwölf.
Bei zwölf sagt Bibi erneut
den Geisterwind-Spruch auf.
Und diesmal löst sich
– wuschsch! –
ein gespenstisch blauer Schatten
von der Leinwand.
Er saust direkt auf Moni zu
und mitten durch sie hindurch!
„Waaa!“, ruft Moni
und kneift die Augen zu.

Als sie sie wieder öffnet,
schwebt vor ihr
ein putziges, kleines Gespenst!
„Hoho, huhu, hallo, ich bin Husch!“,
ruft es laut und hallend
und stimmt zur Begrüßung
ein schauderhaft schiefes Lied an:
„Lasst uns froh
und gruselustig sein ...“

„Gruselustig?
Was soll das denn heißen?“,
unterbricht Bibi Husch verdutzt.
„Kann ich euch gern zeigen!“,
grinst der Gespensterjunge.

Er flattert in den Flur hinaus.
Dort bringt er geschwind
jede rostige Rüstung zum Klappern.
Und im Festsaal wuselt er
kreuz und quer durch die Kronleuchter.
Hui, wie das klirrt und klimpert!

Dann schlüpft Husch in den Kamin,
kommt ganz schwarz wieder heraus
und wirbelt Ruß nach allen Seiten.
Bibi und ihre Freundin Moni
gehen lachend in Deckung.
Nun ist ihnen klar,
was „gruselustig sein“ bedeutet!

Gespenster-Verstecken

„So, jetzt bin ich dran!“,
sagt Bibi grinsend.
Mit „Eene meene Tusch,
Teppich, hasch’ den Husch!“
lässt sie einen staubigen Teppich
mit Husch Fangen spielen.
„Gruseluuuustig!“,
quietscht Husch vergnügt.
„Aber kennt ihr auch schon
Gespenster-Verstecken?“

Wie ein blauer Blitz
zischt Husch aus dem Saal.
Bibi und Moni laufen ihm nach.
Es kichert mal hier und mal da.
„Du versteckst dich immer woanders.
Das gilt nicht!“,
beschwert sich Bibi.

Die Freundinnen kommen
an einer alten Standuhr vorbei.
Es ist schon zehn vor eins.
Da fällt Bibi plötzlich
der Spruch aus dem Hexbuch ein:
„Bann’ den Geist im Lauf der Stunde,
sonst währt ewig seine Runde.“
Mit einem Mal ist Bibi klar,
was damit gemeint ist.
Sie muss Husch vor ein Uhr
zurück ins Bild hexen.
Sonst muss er ewig draußen bleiben!

„Husch, komm sofort her!
Du musst wieder in das Bild!
Zurück zu deiner Familie!“,
ruft Bibi eindringlich.
Aber Husch gehorcht nicht.
Er denkt,
dass Bibi nur spielen will!

Hastig versucht Bibi es
mit einem Spruch:
„Eene meene Nachtappell,
Husch, erscheine vor mir schnell!
Hex-hex!“
Doch nichts geschieht.
„Wenn Mami nur hier wäre!“,
seufzt Bibi verzweifelt.
Da schnippt Moni mit den Fingern.
„Was ist denn mit Huschs Mami?“,
fragt sie aufgeregt.
„Vielleicht hört er ja auf die!“

„Klasse Idee!“, ruft Bibi
und läuft zum Gemälde zurück.
Kurzerhand hext sie
die ganze Gespensterfamilie heraus.
Bibi und Moni
müssen gar nicht viel erklären.
„Das ist sooo typisch Husch!“,
lacht seine Schwester Wusch.
„Nichts als Nebel im Kopf!“

„Ihr müsst ihn hierher locken!“,
drängt Bibi besorgt.
„Noch bevor es ein Uhr ist!“
Die Gespenster-Mama nickt.
„Dann kommt!“,
fordert sie ihre Familie auf.
„Lasst uns keine Zeit verlieren!“

Mit Kind und Kegel

Die drei Gespenster
fassen sich an den Händen.
Sie fangen an zu tanzen
und trällern dabei lauthals:
„Wir tanzen Grusel-Ringelreih'n,
wer will da schon alleine sein?
Denn ein Gruseltanz – hurra –
ist für die Familie da!
Hu, hu, hu,
tanz Ringelreih'n auch du!“

Es dauert nicht einmal eine Minute,
da saust Husch schon herbei
und reiht sich munter ein.
Bibi reagiert auf der Stelle:
„Eene meene volle Segel,
huscht ins Bild mit Kind und Kegel!
Hex-hex!“

Wuschsch!
Die Gespenster flattern vereint
zurück in das Gemälde.
Keinen Augenblick zu früh:
Die Turmuhr schlägt eins.
Erschöpft und zufrieden
machen sich Bibi und Moni
auf den Weg nach Hause.
Eines ist klar:
Diese gruselustige Nacht
werden sie nie vergessen!

Hexen-Quiz

1 Auf welchem Schloss spielt die Geschichte?

☐ Schloss Munkelberg
☒ Schloss Klunkerburg
☐ Schloss Funkelstein

2 Warum hext Bibi wohl erst, als die Klasse weitergezogen ist?

☐ damit die Lehrerin es nicht bemerkt
☐ weil ihr die Hexerei peinlich ist
☒ weil Moni sie darum bittet

3 **Wie fängt der Spruch an, mit dem Bibi Husch lebendig hext?**

- „Eene meene husch, geschwind ..."
- „Eene meene Gruselkind ..."
- „Eene meene Geisterwind ..."

4 **Wieso flüstert Moni in den Hörer?**

- weil sie Angst hat
- weil sie heiser ist
- weil sie Bibis Ohren testen möchte

5 **Was könnte Bibi am Telefon noch sagen, um Moni zu beruhigen?**

- „Im Notfall kann ich hexen."
- „Das Schloss ist doch ganz klein."
- „Vor ein Uhr sind wir wieder zurück."

6 **Warum funktioniert Bibis Spruch beim ersten Mal nicht?**

- [x] Er wirkt nur zur Geisterstunde.
- [ ] Er wirkt nur bei Sonnenschein.
- [ ] Er wirkt nur zur vollen Stunde.

7 **Warum hat Moni Gänsehaut?**

- [ ] Moni friert und ihr Pullover kratzt.
- [x] Moni friert und fürchtet sich.
- [ ] Moni friert und freut sich.

8 **Was macht Husch zur Begrüßung?**

- [x] Er wirbelt durch die Kronleuchter.
- [ ] Er singt ein schiefes Lied.
- [ ] Er lässt Ritterrüstungen klappern.

9 **Welches Wort könnte Husch statt gruselustig auch benutzen?**

- [x] düsterdunkel
- [ ] schauertraurig
- [ ] spukemunter

10 **Wie heißt Huschs Schwester?**

- [ ] Kusch
- [ ] Flusch
- [x] Wusch

Bibi und der Wuscheltroll

von Vincent Andreas
mit Bildern von Linda Kohlbaum

Der Wuscheltroll im Märchenwald

Bibi brütet über ihren Hausaufgaben
für die Hexenschule.
Sie soll hexische Heilkräuter
auswendig lernen.
Doch die vielen Kräuternamen
kann sie sich einfach nicht merken.
„Die wilde Knax-Beere“,
liest sie in ihrem Kräuterbuch,
„hilft gegen verstauchte Knöchel
und Prellungen aller Art.“

Weiter heißt es in dem Buch:
„Unter keinen Umständen
darf die Knax-Beere mit der Hix-Beere
verwechselt werden.
Diese hilft gegen Schluckauf."
„Puh!", stöhnt Bibi.
„Das merke ich mir doch nie!"

Da kommt ihre Mutter Barbara
zu Bibi ins Wohnzimmer.
Ihr Töchterchen tut ihr leid.
Sie kann sich noch gut erinnern,
wie sie früher selbst die Kräuter
auswendig gelernt hat.
Das müssen alle Junghexen
irgendwann einmal erledigen.
„Ich fliege in die Stadt
zum Einkaufen“,
ruft sie Bibi zu.

Kaum ist Barbara weg,
schielt Bibi auch schon
über den Rand ihres Kräuterbuchs
zum Fernseher.
Vielleicht sollte sie mal
eine kleine Pause machen?
Danach hat sie bestimmt
den Kopf wieder frei
für die Heilkräuter und ihre Wirkung.

Als Bibi den Fernseher einschaltet,
läuft gerade ein spannender Film.
Er handelt von einem kleinen
und sehr niedlichen
Wuscheltroll-Mädchen namens Wuwu.
Das lebt am Rand eines Märchenwalds.

Dort ist es wunderschön.
Auf den Wiesen blühen bunte Blumen.
Die Vögel sitzen in den Bäumen
und zwitschern hübsche Melodien.

Doch was ist das?
Auf einmal ist aus der Ferne
ein unheimliches Heulen zu hören!

Wuwu erschrickt fürchterlich.
„Das ist der Waldtroll!“,
ruft sie ängstlich.
Da taucht auch schon
ein großer, dunkler Schatten
zwischen den Bäumen auf.
Wuwu läuft, so schnell sie kann,
in den Märchenwald hinein.

Plötzlich stolpert sie
über eine dicke Wurzel.
„Au!“, ruft Wuwu laut.
Nun kann sie nicht mehr aufstehen.
Der riesige Waldtroll
hat sie fast eingeholt.

Bibi muss unbedingt etwas tun!
Schnell hext sie:
„Eene meene wundervoll,
ich bin bei dem Wuscheltroll!
Hex-hex!“

Auf der Flucht

Bibi kommt gerade noch rechtzeitig.
Mit einem jämmerlichen Heulen
bricht der Waldtroll
aus einem Gebüsch hervor.
Bibi schnappt sich die kleine Wuwu
und setzt sie sich behutsam
auf ihren Rücken.
„Wer bist du?“,
fragt Wuwu erstaunt.

Doch für Erklärungen ist keine Zeit.
Bibi setzt sich auf ihren Besen
und fliegt schnell mit Wuwu
durch den dichten Wald.
Das Heulen des Waldtrolls
wird immer leiser.
Bibi fliegt einen Abhang hinauf.
Zwischen zwei Felsen entdeckt sie
den Eingang zu einer Höhle.

Bibi landet vor der Höhle
und setzt die kleine Wuwu ab.
Erschöpft lässt sie sich
neben ihr auf den Boden sinken.
„Gerettet“, seufzt sie.
Nachdem sich Bibi allmählich
von der wilden Fliegerei erholt hat,
erzählt sie Wuwu,
wie sie in den Märchenwald
gekommen ist.

Das niedliche Trollmädchen staunt.
Einer echten Hexe
ist es noch nie begegnet.
„Kannst du meinen Fuß
auch wieder gesund hexen?“,
fragt sie mit leiser Stimme.
„Der tut ganz doll weh!“
Vorsichtig betastet Bibi
Wuwus kleines, zartes Füßchen.

Der Fuß scheint nicht
gebrochen zu sein.
Sicherlich ist er nur verknackst.
„Verknackst …“, überlegt Bibi.
„Da hilft doch die Knax-Beere!“
Am Eingang der Höhle
entdeckt sie einen Strauch.
Die Beeren an den Zweigen
sehen genauso aus
wie in ihrem Kräuterbuch.

Mit einem Stein zerreibt Bibi einige Beeren zu einer Salbe. Die streicht sie vorsichtig über Wuwus verstauchten Knöchel. Tatsächlich, die Salbe wirkt sofort! Wuwu sieht nun gar nicht mehr so unglücklich aus. „Danke, Bibi!“, seufzt sie zufrieden und kuschelt sich ganz eng an die kleine Hexe.

„Wuwu ist einfach zu niedlich!“,
denkt Bibi.
Liebevoll streichelt sie
dem Trollmädchen über den Kopf.
Wuwu erzählt von ihrer Familie:
„Meine Eltern haben mich
vor dem Märchenwald gewarnt,
vor allem vor dem großen Waldtroll.
Aber es ist hier einfach
so wunder-wunderschön, nicht wahr?“

Da ist plötzlich wieder
das Heulen des Waldtrolls zu hören!
Diesmal klingt es aber ganz anders –
irgendwie traurig.
Vorsichtig schleichen Bibi und Wuwu
zum Eingang der Höhle
und spähen hinaus.
Da sitzt der große Waldtroll,
keine zehn Meter entfernt!
Aber was ist das?
Der Troll weint ja!

Knax-Beere und Tröst-mich-Kraut

Eigentlich sieht der Waldtroll gar nicht so gefährlich aus. Er hat eine große Knollennase und lustige Segelohren. Bestimmt kann er mit denen herrlich wackeln. Nach lustigem Ohrenwackeln scheint ihm heute allerdings nicht zumute zu sein. Er weint dicke, große Trolltränen.

Bibi und Wuwu fassen sich ein Herz und sprechen den Waldtroll an.
„Warum weinst du?“, fragt Bibi.
Der Waldtroll schnaubt ausgiebig in ein großes, kariertes Taschentuch.
„Ich bin immer so allein!“, schnieft er.

„Mit der kleinen Wuwu
wollte ich doch nur spielen“,
erklärt er mit treuherzigem Blick.
Wuwu sieht ihn verwundert an.
Der Waldtroll lächelt zaghaft.
Da lächelt auch Wuwu
und drückt ihm ganz vorsichtig
seine großen Trollhände.
„Wollt ihr beiden vielleicht
ein Tässchen Tee mit mir trinken?“,
fragt der Waldtroll.

„Sehr gerne!“, rufen Bibi und Wuwu
wie aus einem Mund.
Der Troll macht ein kleines Feuer
und holt mit einem Kessel
Wasser aus einer Quelle.
Nur leider hat er keinen Tee mehr.
Doch den braucht er auch nicht.
Bibi hat zwischen den Felsen
ein wildes Kraut entdeckt,
das sie aus ihrem Kräuterbuch kennt.

Sie zerreibt es über dem Kessel.
Der Waldtroll probiert einen Schluck
und strahlt über das ganze Gesicht.
„Das schmeckt gut!“, brummt er.
„Was ist denn das?“
„Tröst-mich-Kraut“, erklärt Bibi.
„Damit wird es einem gleich
ganz warm ums Herz.“
Vor Freude wackelt der Waldtroll
mit seinen lustigen Ohren
und bringt Wuwu zum Lachen.

Bibi ist sehr froh darüber,
dass sich die beiden Trolle
so gut verstehen.
Die kleine Wuwu und der Waldtroll
werden bestimmt die besten Freunde!

Jetzt muss Bibi aber schleunigst
wieder zurück nach Hause.
„Auf Wiedersehen Wuwu,
auf Wiedersehen Waldtroll!“,
ruft sie.

Dann hext sie:
„Eene meene kurzes Glück,
ins Blocksberg-Haus
jetzt schnell zurück!
Hex-hex!“
Schon ist sie wieder im Wohnzimmer.
Genau im richtigen Moment!
Gerade kommt Barbara Blocksberg
vom Einkaufen nach Hause.
Eilig schaltet Bibi den Fernseher aus.
„Na, hast du fleißig gelernt?“,
fragt Bibis Mutter.

Die kleine Hexe nickt.
„Ich weiß jetzt alles
über die Knax-Beere
und das Tröst-mich-Kraut“,
ruft sie stolz.
„Und über Trolle“, denkt sie,
sagt es aber nicht laut.
Über Trolle steht schließlich nichts
in ihrem Kräuterbuch ...

Hexen-Quiz

1 Warum stöhnt Bibi über ihre Hausaufgaben?

- ◯ weil sie hexische Heilkräuter langweilig findet
- ☒ weil sie sich die Kräuternamen nicht merken kann.
- ◯ weil sie nie gerne Hausaufgaben macht.

2 Mit welcher Beere darf die Knax-Beere nicht verwechselt werden?

- ◯ mit der Klax-Beere
- ◯ mit der Fax-Beere
- ☒ mit der Hix-Beere

3 **Weshalb tut Bibi ihrer Mutter leid?**

- ◯ Barbara findet Hausaufgaben unnötig.
- ☒ Barbara weiß, wie schwer das Auswendiglernen ist.
- ◯ Barbara möchte lieber, dass Bibi spielt.

4 **Warum schaltet Bibi den Fernseher ein?**

- ☒ Sie will eine Pause machen.
- ◯ Um diese Zeit läuft ihre Lieblingsserie.
- ◯ Dort läuft eine Sendung über hexische Heilkräuter.

5 **Was ist die kleine Wuwu?**

- ◯ ein Muscheltroll
- ◯ ein Nuscheltroll
- ☒ ein Wuscheltroll

6 **Warum hext sich Bibi in den Film?**

- [x] um dem Wuscheltroll zu helfen
- [ ] um dem Waldtroll zu helfen
- [ ] um im Märchenwald nach Kräutern zu suchen

7 **Aus den Knax-Beeren macht Bibi:**

- [x] eine Salbe.
- [ ] einen Trank.
- [ ] einen Brei.

8 **Warum ist der Waldtroll traurig?**

- [x] weil er sich einsam fühlt
- [ ] weil er Zahnweh hat
- [ ] weil er Angst vor Wuwu hat

9 **Mit dem Tröst-mich-Kraut ...**

- [ ] ... wird man wieder klar im Kopf.
- [x] ... wird es einem warm ums Herz.
- [ ] ... will man nur noch Quatsch machen.

10 **Warum wird Bibi ihrer Mutter von den Trollen nichts erzählen?**

- [x] Barbara soll nicht wissen, dass Bibi ferngesehen hat.
- [ ] Barbara hat Angst vor Trollen.
- [ ] Barbara erzählt es sonst Bernhard.

Lösungen

Wirbel in der Sportstunde

1. Frau Müller-Riebensehl
2. Weil sie kleine Zirkus-Nummern einstudieren.
3. körperliche Ertüchtigung
4. Frau Müller-Riebensehl Frau Laufer vertritt.
5. Die neuen Übungen machen keinen Spaß.
6. Die Sporthalle verwandelt sich in ein Zirkuszelt.
7. von dem Hufgetrappel der Schimmel
8. Akrobatin
9. Er hat einen Riesenspaß.
10. Moni befindet sich in Gefahr.

Hexenspaß zur Geisterstunde

1 Schloss Klunkerburg
2 damit die Lehrerin es nicht bemerkt
3 „Eene meene Geisterwind …“
4 weil sie Angst hat
5 „Im Notfall kann ich hexen.“
6 Er wirkt nur zur Geisterstunde.
7 Moni friert und fürchtet sich.
8 Er singt ein schiefes Lied.
9 spukemunter
10 Wusch

Lösungen

Bibi und der Wuscheltroll

1 weil sie sich die Kräuternamen nicht merken kann.

2 mit der Hix-Beere

3 Barbara weiß, wie schwer das Auswendiglernen ist.

4 Sie will eine Pause machen.

5 ein Wuscheltroll

6 um dem Wuscheltroll zu helfen

7 eine Salbe.

8 weil er sich einsam fühlt

9 ... wird es einem warm ums Herz.

10 Barbara soll nicht wissen, dass Bibi ferngesehen hat.